Für Anna und Lena, die mir seit zwei Jahrzehnten zeigen, wie das geht: Das Leben feiern

16. Auflage 2024

© 2007 SCM Verlag in der SCM Verlagsgruppe GmbH
Max-Eyth-Straße 41 · 71088 Holzgerlingen
Internet: www.scm-verlag.de; E-Mail: info@scm-verlag.de
Gesamtgestaltung: Miriam Gamper-Brühl | Essen | www.3kreativ.de

Titelfoto: living4media, Fotos: © Florapress: S. 10, S. 12, S. 14, S. 20, S. 22, S. 24, S. 25, S. 26, S. 28, S. 31, S. 32, S. 35, S. 40, S. 43, S. 47, S. 51, S. 52, S. 55, S.56, S. 59, S. 60, S. 63, S. 65, S. 40, S. 73, S. 79, S. 80; © MEV: S. 17, S. 36, S. 39, S. 44, S. 48, S. 69; © Dreamstime: S. 6, S. 9, S. 18, S. 67, S. 74, S. 76
Druck: Finidr s.r.o.
Gedruckt in Tschechien
ISBN 978-3-7893-9830-8
Bestell-Nr. 629.830

Das Leben feiern

Bianka Bleier

SCM

Ab heute gebe ich mir selbst neu die Erlaubnis zur Langsamkeit.

Ich will nicht, dass das Leben an mir vorbeirauscht.

Zeit-weise

Der Tag läuft wie am Schnürchen. Keine falsche Bewegung, dann sollte alles hinhauen, was ich mir vorgenommen habe. Das Telefon! Wer stört? Leicht kurzatmig ergreife ich den Hörer, um die lästige Unterbrechung so schnell wie möglich abzuwürgen. Nur noch halb anwesend – ich sollte eigentlich längst weg sein –, höre ich, was der Anrufer von mir möchte. Halbherzig sage ich zu, eine Aufgabe zu übernehmen, weil ich keine Kraft habe, Nein zu sagen. Um mich anschließend sofort darüber zu ärgern. Ich fahre zur Arbeit. Wie immer bin ich spät dran. Vor mir fährt ein Fahrschüler. Einige Sekunden lang übe ich mich in Geduld, dann melden sich die ersten Adrenalinschübe: „Zu langsam!"

Meine angeborene Ungeduld siegt. Ich überlege, einen Umweg in Kauf zu nehmen, um das Fahrschulauto zu überholen, aber ich mag keine Umwege. Ich gehe auf volles Risiko und hoffe, dass der Fahrer an der nächsten Ecke links abbiegt, während ich nach rechts fahren werde. Das Fahrschulauto biegt rechts ab … Mit dem geringst möglichen Abstand bleibe ich dahinter und versuche durch wendiges Hervoräugen herauszufinden, wann die Landstraße für ein Überholmanöver frei ist.

Nach dem Ortsausgang meldet mein innerer Autopilot: „Los!", und mithilfe weiterer Adrenalinschübe gelingt es – um hinter dem nächsten Auto festzuhängen, dessen Fahrer sich beflissentlich bemüht, deutlich unter der unnötig niedrigen Geschwindigkeitsbegrenzung zu bleiben. Das Fahrschulauto fährt nun direkt hinter mir. Höre den Fahrlehrer, dankbar für das kostenlose Anschauungsbeispiel, moralpredigen: „Und? Was hat es ihr gebracht?"

Zum Glück biegt der Anhänger der Langsamkeit am nächsten Kreisel rechts ab. Die nächsten hundert Meter über die Brücke hole ich den Abstand zu meinem Verfolger auf, um an der Ampel endgültig zum Stehen zu kommen. Vor mir der Uhrzeiger, im Rückspiegel das sich allmählich nähernde Fahrschulauto, komme ich endlich zu mir.

Wie dumm bin ich eigentlich? Bin ich mit all meinem Aufwand auch nur einen Meter schneller vorangekommen als diese Menschen in ihrer selbst gewählten Langsamkeit? Noch dazu mit erheblich ungünstigeren Auswirkungen auf meine Seele, meinen Charakter und meine Mitmenschen …

Endlich begreife ich die Binsenweisheit: Auch der Langsame kommt ans Ziel. Langsam, aber sicher!

Als ich mit neuer innerer Ruhe langsam wieder anfahre, sehe ich auf dem Verkehrsschild zur Geschwindigkeitsbegrenzung eine aufgeplusterte Amsel sitzen. Aus ihrem Schnabel kommen kleine weiße Wölkchen. Sie wippt mit ihrem Körper leicht vor und zurück. Ich kann sie zwar nicht hören, aber ich glaube zu verstehen. „Mach langsam! Dann hast du mehr vom Leben!" Erheitert und irgendwie hoffnungsvoll fahre ich weiter.

Geschwindigkeitsbegrenzungen für ein angemessenes Lebenstempo … Ich will mich nicht von selbst gestrickter Hektik davon abhalten lassen, wirklich zu leben. Ich will von Jesus Gelassenheit lernen, der sich immer von Gott den Blick ausrichten ließ auf das, was als Nächstes wichtig war.

Ich will leben, wirklich leben!

Ich will es spüren, gestalten, auskosten.

Lang-weilig

Dann sprach Gott: „Am Himmel sollen Lichter entstehen, die Tag und Nacht voneinander scheiden, leuchtende Zeichen, um die Zeiten zu bestimmen: Tage und Feste und Jahre."

1. Mose 1,14 (GNB)

Dann sprach der Mensch: An Kirchtürmen, Zimmerwänden, Handgelenken sollen Uhren angebracht werden, unablässig tickende Zeichen, um die Zeiten feiner zu bestimmen: Stunden, Minuten, Sekunden. Damit können wir Zeit einsparen, ausnutzen, auswringen, verwalten, überwachen …

Unser Leben teilt sich im Rückblick in ein Vorher und ein Nachher. Einst schöpften wir aus einem unendlich scheinenden Meer von Stunden, Tagen und Wochen. Lange Weile gehörte zu unserem Alltag. Die Tage waren gemächlich, überschaubar und – laaangsam. Unzählige zeitlose Stunden, in denen ich als Kind über Wiesen kugelte, am rauschenden Bach mit Rindenschiffchen spielte, den Duft von warmen Tannennadeln roch, von zarter weißer Bettwäsche, kühle Milch vom Bauern trank, süßen Sonntagskuchen genoss. Meine warme, weiche Mutter, jederzeit ansprechbar, immer ein Schoß, auf dem ich mich ausruhen konnte.

Irgendwann im Leben jedes Menschen gibt es einen Schnitt – und alles ist anders. Müßiggang gehört fortan zu den Lastern. Zeit zu den kostbarsten Gütern. Seither rennt die Zeit. Mag sein, dass der Schnitt bei dem einen früher, bei dem anderen später kommt, aber einmal vollzogen, ist er nicht mehr rückgängig zu machen. Plötzlich hören wir uns sagen „Ich habe keine Zeit", und die Woche ist vorüber, bevor sie überhaupt angefangen hat. Zeit wird zum Feind, den es gilt, um jeden Preis zu überlisten. Freizeit wird zu der Zeit, die frei von Arbeit ist – eine Unterscheidung, die wir als Kinder gar nicht getroffen haben.

Spontaneität – ich will sie nicht verlernen: die Fähigkeit des Kindes in mir, etwas zu tun oder zu lassen, weil ich gerade dazu aufgelegt bin. Ich will meinem Instinkt vertrauen, mich von mir selbst überraschen lassen, meinem wohl organisierten Erwachsenenleben ein Stückchen ungeplantes Vergnügen entreißen.

„Wer sich selbst nichts gönnt, wem kann der Gutes tun? Er wird seinem eigenen Glück nicht begegnen." Jesus Sirach 14,5

Die Zeit wird nicht nach der Länge,

Unsere Tage sind alle gleich lang – aber unterschiedlich breit

Gott hat uns ein begrenztes Maß an Zeit und Kraft zugedacht. Zeit ist nicht konservierbar und unwiederbringlich. Wir haben keinen Anspruch darauf. Wir haben keinen Einfluss auf Menge und Geschwindigkeit unserer Zeit. Wir wissen nicht, wie hoch der Stand unseres Kontos ist.
Niemand kann seinem Leben auch nur eine Elle hinzufügen. Gott reicht uns jeden Tag neu 24 Stunden, so wie er dem Volk Israel das Manna auf der langen Reise durch die Wüste gereicht hat. Eines Tages wird er uns fragen, was wir mit dem wertvollen Gut gemacht haben, das er uns anvertraut hat.

Wir können unserem Leben nicht mehr Zeit geben,
aber unserer Zeit mehr Leben.

Bärbel Wilde

Zeit ist flüchtig und kann trotzdem voll sein von etwas, das Bestand hat. Wir haben keine Macht über die Zeit, aber sehr wohl darüber, wie wir sie nutzen. Wir haben die Wahl. Es liegt an uns, die uns geschenkte Zeit im Sinne des Erfinders zu gebrauchen oder sie zu missbrauchen.
An uns liegt es, unsere Lebenszeit zu gestalten, zu füllen, zu genießen. Wir mögen den unbeschwerten Umgang des Kindes mit unserer Zeit verloren haben. Aber wir können neu einen befreiten Umgang mit unserer Zeit einüben.

sondern nach der Tiefe gemessen. Isolde Kurz

Kurz-weilig

Es ist so kurz, das bisschen Leben, das du mir zugemessen hast; eine Handbreit nur, ein Nichts verglichen mit dir. Wie fest meint jeder Mensch zu stehen und ist in Wahrheit nur ein Hauch! Er kommt und geht wie die Bilder eines Traums; er ist geschäftig und lärmt – für nichts; er sammelt und speichert und weiß nicht, wer's bekommt. Herr, was hab' ich da noch zu erhoffen? Ich setze meine ganze Hoffnung auf dich!

Psalm 39,6-8 (GNB)

Wir wissen, dass unsere Tage gezählt sind. Wir beeilen uns, um mehr von unserer Zeit zu haben, doch das Gegenteil ist der Fall. Gepresste Zeit wird ungenießbar.
Das Leben ist zu kurz, um es durch Hektik zu verderben. Ausgerechnet wir Menschen, Geschöpfe mit dem größten Handlungsspielraum, kommen mit der geschenkten Zeit nicht zurecht.

Der Schöpfer von Raum und Zeit hat alle Zeit der Welt. Geduld ist seine Stärke. Mit langem Atem schreibt er mit uns Lebensgeschichte, begleitet uns mit großer Geduld in unserem Sein, Werden und Tun. Gott hat Werke für uns vorbereitet, damit wir Frucht bringen, Frucht mit Ewigkeitswert. Früchte reifen langsam. Die wirklich wichtigen Dinge des Lebens können wir nicht beschleunigen.

Man muss den Dingen die eigene, stille, ungestörte Entwicklung lassen, die tief von innen kommt, und durch nichts gedrängt oder beschleunigt werden kann; alles ist Austragen – und dann Gebären.
Reifen wie der Baum, der seine Säfte nicht drängt und getrost in den Stürmen des Frühlings steht, ohne Angst, dass dahinter kein Sommer kommen könnte.
Er kommt doch! Aber er kommt nur zu den Geduldigen, die da sind, als ob die Ewigkeit vor ihnen läge, so sorglos still und weit.

Rainer Maria Rilke

Zu viel des Guten

Wie kommt es, dass unsere Tage zu wenig Stunden zu haben scheinen,
um all das zu tun, was uns so dringend erscheint?
Warum ist unser Leben immer wieder so überfrachtet?
Verwenden wir viel Zeit und Energie für Dinge, die uns in Wirklichkeit gar nicht
wichtig sind?
Wieso bleibt manchmal trotz all unserem Wollen und Tun das beunruhigende Gefühl,
am Wesentlichen vorbeizuleben?
Liegt in dieser Unruhe eine Botschaft für uns bereit?
Spüren wir der Unruhe unseres Herzens nach!

*Unruhe kann der Anstoß dafür sein, die innere Liste des Gewollten und Gesollten
nochmals zu prüfen, um sich Raum zu schaffen für das Wesentliche.*

Antje Sabine Naegeli

Wir wollen zu viel und zu viel auf einmal.
Wir wollen alles richtig machen.
Wir wollen nicht Nein sagen.
Wir wollen nicht zu kurz kommen.
Wir wollen auf allen Hoch-Zeiten tanzen.

*Wir haben zu viele Möglichkeiten, zu viele Gelegenheiten, zu viele gute Dinge.
Und es ist nicht gut, wenn man des Guten zu viel hat.*

Norman H. Wright

Tiefer gelebt

Bis ins 20. Jahrhundert hinein wurde das Wort „Hektik" im Sinne von „Schwindsucht" gebraucht, danach in der Bedeutung „übersteigerte Betriebsamkeit, fieberhafte Hast". Wenn wir in Hektik sind, befinden wir uns in einem ungesunden Zustand fieberhafter Aufregung! Hetzen, hasten und hassen sind Verwandte einer Wortfamilie! Wenn wir uns abhetzen, treiben wir uns selbst zur Eile an, notfalls bis zur Erschöpfung. Andere zu hetzen ist lieblos. Sich selbst zu hetzen ist lieblos gegen sich selbst.

Hektik ist nicht nur Zeitmangel: Sie ist eine Krankheit der Seele. Hektik verbirgt sich hinter einem großen Teil des Ärgers und der Frustration unserer Zeit ...
Sie stört unsere Leben spendende Verbindung zu Gott und verhindert, dass wir Liebe von unserem Vater empfangen oder sie an seine Kinder weitergeben können.

John Ortberg

Liebe braucht Zeit. Liebe und Eile schließen einander aus. Wer in Eile ist, ist zu erschöpft, zu geistig abwesend, zu beschäftigt, um zu lieben. Er versäumt wertvolle und unwiederbringliche Gelegenheiten, Liebe zu empfangen und Liebe zu geben. Hektik verhindert ein Leben in die Tiefe, macht das Leben oberflächlich – keine Zeit für tiefe Beziehungen, weder zu Gott noch zu Menschen.
Im Gegensatz zur Hektik stehen Muße, Gelassenheit und innere Ruhe. Gott hetzt uns nicht. Er hatte keine Eile, als er die Welt erschuf. Jesus hatte keine Eile, als er auf der Erde lebte. Er hat uns ein ausgeglichenes Lebenstempo vorgelebt. Wir leben in seinem Willen, wenn wir ihm auch darin nachfolgen. Er gönnt es uns. Wir können nicht schneller sein als derjenige, dem wir folgen. Wir müssen konsequent alle Eile aus unserem Leben verbannen.

Tiefe entwickelt sich immer langsam.

Das entspricht der Art des Menschen. John Ortberg

Unruhig ist meine Seele, bis sie ruht in dir. Augustinus

Leben aus
der Quelle

Kommt alle her zu mir, die ihr müde seid und schwere Lasten tragt, ich will euch Ruhe schenken. Nehmt mein Joch auf euch. Ich will euch lehren, denn ich bin demütig und freundlich, und eure Seele wird bei mir zur Ruhe kommen.

Matthäus 11,28.29 (NLB)

Wenn ich permanent das Gefühl habe, unter Druck zu stehen und eine Last zu tragen, bin ich von einem guten Umgang mit meiner Zeit weit entfernt.
Jesus bietet müden und erschöpften Menschen seinen Lebensstil an, einen Lebensstil der Gelassenheit und Leichtigkeit. Er ruft mich zu sich unter sein Joch.
An seiner Seite findet meine Seele Ruhe.

Für viele von uns besteht die große Gefahr nicht darin, dass wir unseren Glauben aufgeben, sondern dass wir so abgelenkt, in Eile und beschäftigt sind, dass wir uns mit dem Mittelmaß zufriedengeben. Wir streifen unser Leben nur am Rande, statt es wirklich zu leben.

John Ortberg

Auszeit

Wenn mein Lebenstempo schneller zunimmt,
als ich mir Strategien aneignen kann,
um noch mitzuhalten,
wenn ich mit Lichtgeschwindigkeit durch das Leben rase,
getrieben von fragwürdigen Motiven,
wenn sich meine Zeit ganz von alleine anfüllt
und ich im täglichen Gewühle
die Ruhepausen vergesse,
wenn ich mich immer wieder das Unwort „keine Zeit" sagen höre
und keine Zeit mehr habe für gehaltvolle Begegnungen,
wenn ich das Leben verschiebe auf später
und es nur noch ums Überleben geht,

dann wird es Zeit, dass ich
der Hektik das Lebensruder entreiße,
das Hamsterrad anhalte,
Stillstand aushalte,   es wird Zeit, dass ich
innehalte,   mir Zeit lasse
meine Seele nach innen halte,   oder mir auch einmal
Gott mein Innerstes hinhalte,   Zeit nehme,
ausschwinge,   Ja sage
mein verlorenes Gleichgewicht wiederherstelle,   zu den Unterbrechungen des Lebens
nicht mehr
zu jeder Unzeit   manchmal gelingt es,
an jedem Ort   mit neuem Zeit-Gefühl
erreichbar und verfügbar bin   der Zeitlosigkeit nachzuspüren,
wie ein Sklave   wieder wie ein Kind
                                       den Augenblick zu schätzen,
                                       das Leben feiern –
                                       frei sein

Wir müssen bereit sein, uns von Gott unterbrechen zu lassen. Dietrich Bonhoeffer

Zeit zum Ausruhen wird es immer dann, wenn man keine Zeit dazu hat

Neuerdings fahre ich mit dem Fahrrad zur Arbeit. Dafür brauche ich mehr Zeit als mit dem Auto, aber diese Zeit hilft mir, von einer Welt in die andere zu wechseln. Von der Brücke aus habe ich einen weiten Blick auf Felder, Bäume und Büsche, die in der Morgensonne leuchten. Ich halte überrascht inne. Und das ist so ungewöhnlich, dass es mir auffällt. Wie oft tue ich das eigentlich: innehalten, wenn ich auf einem Berg angekommen bin, um den Ausblick zu genießen? Jeder Bergsteiger macht Rast auf dem Gipfel und genießt den Ausblick. Raste ich, wenn ich einen Berg erklommen habe? Oder rase ich weiter zum nächsten? Als tagaktives Wesen neige ich dazu, pausenlos Berge abzutragen, die sich vor mir auftürmen.

Im Sommer wusele ich durch den Garten mit Gießkanne und Dünger und gönne mir nicht die Zeit, zu bewundern, was ich da so aufwendig pflege. Innehalten. Im Winter, wenn ich am Wohnzimmer vorbeirausche, freue ich mich aus den Augenwinkeln heraus an Hund und Katze, die stundenlang aneinandergekuschelt vor dem Ofen liegen, während die Wintersonne schräge goldene Strahlen auf sie schickt. Aber wie oft halte ich nach all der Ofenputzerei und Holzschlepperei inne und wärme mich wie sie, sehe zu, wie ein neuer Holzscheit von der Glut aufgenommen wird? Lasse ich meinen Blick über das aufgeräumte Zimmer schweifen, dessen Entrümpelung ich so lange vor mir her geschoben habe? Setze ich mich auch einmal mit einer Tasse Cappuccino auf das Sofa und lasse meinen Blick durch die frisch geputzten Fenster schweifen? Ich will lernen, die kleinen Richtfeste zu feiern.

Hektik ist das Glaubensbekenntnis des modernen Heidentums. Gott gönnt uns Pausen.
Wir sollen nicht wesentlich mehr, sondern mehr Wesentliches tun.

Peter Hahne

Zweck-los

„Was tust du am liebsten von der ganzen Welt, Pu?"

„Tja", sagte Pu, „was ich am liebsten tue ..." Und dann musste er innehalten und nachdenken. Denn obwohl Honigessen etwas sehr Gutes war, was man tun konnte, gab es doch einen Augenblick, kurz bevor man anfing, den Honig zu essen, der noch besser war als das Essen, aber er wusste nicht, wie der hieß. Und dann, fand er, war Mit-Christopher-Robin-zusammen-sein auch etwas sehr Schönes, was man tun konnte, und Ferkel-in-der-Nähe-haben war auch etwas sehr Angenehmes, was man gut haben konnte: Deshalb sagte er, nachdem er alles durchdacht hatte: „Am liebsten von der Welt mag ich, wenn ich und Ferkel dich besuchen gehen und du sagst: ‚Wie wär's mit einem kleinen Imbiss?', und ich sage: ‚Gegen einen kleinen Imbiss ist eigentlich nichts einzuwenden, oder was meinst du, Ferkel?', und draußen ist ein Tag, in dem irgendwie Gesumm drin ist, und die Vögel singen."

„Das mag ich auch", sagte Christopher Robin, „aber was ich am liebsten tue, ist gar nichts."

„Wie tut man gar nichts?", fragte Pu, nachdem er lange gegrübelt hatte.

„Das ist, wenn man es gerade tun will und die Leute wollen von einem wissen: ‚Und was willst du jetzt tun, Christopher Robin?' Und dann sagt man: ‚Och, gar nichts', und dann tut man's einfach."

A. A. Milne

In dem Mädchen in mir, das so oft erwachsen sein muss, klingt eine zarte Sehnsucht an bei diesen Worten voller Poesie, kindlicher Lebenslust und Weisheit. Eine Sehnsucht nach heiler Welt, frei von der Vielschichtigkeit meines Lebens, der Verbindlichkeit meiner Aufgaben, dem Druck von Verantwortung. Sehnsucht nach einer Welt, in der Zeit keine Rolle spielt, Hektik ein Fremdwort ist und die Luft voller Frühling. Sehnsucht nach dieser Ruhe und Urgeborgenheit, die ich mit meiner letzten Hülle bei der Verwandlung zur erwachsenen Frau hinter mir gelassen habe.

Nirgendwo sonst ist der Mensch so ehrlich wie in seiner Sehnsucht.

Ernst Bloch

Nichtstun scheint ein Fremdwort in einer Welt voller Dringlichkeiten, in der Termine über mich bestimmen wollen und ich immer und überall erreichbar sein soll. Kinder kennen ihre Bedürfnisse. Erwachsene lernen, sie zu verlernen. Manchmal fühle ich mich wie ein Fremdkörper, möchte ich zurücktauchen in die Welt, in der ich Kind sein durfte. Dort herrschen andere Gesetze.

Das Naturgesetz der Zweckfreiheit zum Beispiel. Hier muss mein Tun kein Ziel haben, hier darf ich ausprobieren, spielen, Zeit verschwenden. Hier ist man Mensch, hier darf man sein. Und wie man hier sein kann! Mit Gaumenfreuden, Vorfreude auf die schönen Seiten des Lebens und Zeit für Freunde. In dieser Welt herrscht das Gesetz des Müßiggangs – hier ist nicht wertvoll, wer etwas tut. Hier kann man auch sein lassen.

Und das Gesetz von Jetzt und Hier. In dieser anderen Welt darf ich den Augenblick auskosten. Jetzt leben. Verschiebe ich Leben nicht auf später, wenn die Zeit dafür günstiger scheint.

Und, nicht zu vergessen, das Gesetz der Lebenslust. Was Pu da aufzählt, ist Leben wie Gott in Frankreich. Das Leben leben mit allen Sinnen. Dem Schöpfer zujubeln: Und siehe, es ist gut!

Was tust du am liebsten auf der ganzen Welt?

Was würde ich eigentlich antworten auf die Frage eines lieben Freundes: „Was tust du am liebsten auf der ganzen Welt?" Da müsste ich auch erst einmal innehalten und nachdenken.

Aber dann fallen mir Glücksmomente ein: mein langsam erwachender Alltag. Die Stille beim Frühstücken, wenn die Familienkarawane satt und bepackt weitergezogen ist. Der dampfende Kakao, Zeit zum Nachdenken, Schreiben, Lesen. Zeit zum Danken, für die Zwiesprache mit Gott.

In der Hängematte liegen und träumen, den Vögeln zuhören, den Wolken zusehen, in Schlaf sinken. Der Feierabend mit Hund und Katze vor dem warmen Feuer, ein Kind, das beide still im Arm hält. Das Glas Wein mit dem Mann, den ich liebe.

Lieblingsmomente – suche ich sie? Manchmal. Hin und wieder. Immer öfter. Allzu oft aber stelle ich sie zurück. Ich bin ja kein kleines Mädchen mehr ... Dann hat „das wahre Leben" Vorrang, springe ich zwischen den verschiedenen Welten hin und her, zwischen meinen Aufgaben als Ehefrau, Mutter, Hausfrau, im Beruf, in der Gemeinde. Überall versuche ich, mein Bestes zu geben mit dem Ergebnis, dass ich mich überall unzulänglich fühle.

Ich habe mich oft gefragt, ob nicht gerade die Tage, die wir gezwungen sind, müßig zu sein,
diejenigen sind, die wir in tiefster Tätigkeit verbringen?
Ob nicht unser Handeln selbst, wenn es später kommt, nur der letzte Nachklang einer großen Bewegung ist,
die in untätigen Tagen in uns geschieht?
Jedenfalls ist es sehr wichtig, mit Vertrauen müßig zu sein, mit Hingabe, womöglich mit Freude.

Rainer Maria Rilke

Die Frage ist nicht: Wagen wir es, unseren Herzenswünschen zu trauen?
Die Frage ist: Wagen wir es, ihnen nicht zu trauen?

John Eldredge

Ich-mag-Liste zum Weiterschreiben

Ich mag es, wenn sich eine weiche Hundeschnauze an meinen Hals drückt und ich eine Gänsehaut bekomme.

Ich mag gefüllte Vorratsschränke, aus denen ich nach Lust und Laune kochen kann.

Ich mag es, wenn auf der Fußgängerzone ein Vollblutmusiker Akkordeon spielt.

Ich mag es, wenn mir jemand ganz langsam und ziemlich fest meine Kopfhaut massiert.

Ich mag es, auf dem Wochenmarkt einen Korb voller Gemüse einzukaufen.

Ich mag es, bei Kerzenschein zu baden und es riecht nach Rosmarin.

Ich mag es, wenn es nach der Sauna am ganzen Körper kribbelt.

Ich mag es, dass ich mit dem Älterwerden der Ewigkeit näher komme.

Ich mag es, wenn mir jemand das Du anbietet.

Ich mag es, ein neues Tagebuch zu beginnen.

Ich mag es, auf einem weichen Waldboden zu gehen.

Ich mag die erste Erdbeere und die erste Tomate.

Ich mag den Abendgesang der Amseln und das Grillenkonzert in den Feldern.

Ich zergehe beim Gesang einer Nachtigall.

Ich mag die Falten meiner Freunde.

Ich mag die ersten Tage mit einem Hundewelpen.

Ich mag es, zu Hause in bequemer Kleidung rumzuhängen.

Ich mag es, wenn jemand über meine Witze lacht.

Ich mag es, wenn morgens die letzte Tür zugeht und ich plötzlich allein bin.

Ich mag es, wenn mir jemand einen Kuchen schenkt.

Ich mag es, wenn ich einen Freund anrufe und er geht einfach ans Telefon.

Ich mag es, ein Kalenderblatt zu wenden.

Ich mag es ...

Wenn das Telefon nicht läutet, ist es für mich

Savoir vivre – Dolce vita – Dolce farniente – umsonst suche ich in meiner Muttersprache nach einer Vokabel, die diese Lebensart, die Kunst des Müßiggangs, widerspiegelt. „Süßes Nichtstun" – klingt das nicht irgendwie verboten? Riecht das nicht verdächtig nach Drückebergerei, Faulheit, Zeitverschwendung? Und das Wort „Untätigkeit" – hat es nicht einen Beigeschmack sträflicher Lethargie? Allerhöchstens gönnen wir uns doch eben mal eine kurze Atempause. Worte wie Beschaulichkeit, Besinnlichkeit, Ausgeglichenheit, Besonnenheit, Seelenruhe klingen fast wie aus einem anderen Jahrtausend. Weist die Wortwahl auf unsere Art zu leben hin? Was, wenn wir beginnen, Zeitgenuss statt Zeitvertreib zu sagen?

Schmerzlich stelle ich immer wieder fest, dass mir zwischen Pflicht und Fleiß die Muße abhanden gekommen ist. Wenn Nichtstun keine Wahlmöglichkeit mehr ist, habe ich mein Gleichgewicht bereits verloren. Nach nichts sehne ich mich mehr, nichts fällt mir schwerer. Aber die Sehnsucht nach der mediterranen Lebensart steckt in mir. Wenn ich im Süden bin, klopft sie bei mir an. Die Menschen am Mittelmeer scheinen zu wissen, dass alle viere von sich strecken und fünfe gerade sein lassen mindestens ebenso lebensnotwendig ist wie arbeiten!

Manchmal stillstehen dürfen.
Kein Hierhin, Dorthin, Hierhin.
Die Uhr anhalten
ohne Furcht.
Wenn nichts geschieht,
geschieht viel.

Antje Sabine Naegeli

Die Kunst des Ausruhens ist ein Teil der Kunst des Arbeitens.

John Steinbeck

Zwischen-Räume

Manchmal erscheint mir mein Alltag wie eine Wüste, die ich jeden Tag aufs Neue durchqueren muss. Wenn ich versuche, das in möglichst kurzer Zeit zu tun, bleibe ich erschöpft und ausgetrocknet auf der Strecke. Wenn ich aber die Oasen in der Wüste nutze, um aufzutanken, gelange ich erfrischt ans Ziel.

Ich brauche Alltagsoasen, um die Routine zu unterbrechen, aufzutanken und mit meiner Kraft haushalten zu können. Ich brauche kleine Frei-Räume und Frei-Zeiten, frei von Arbeit und Verpflichtung, die meine Seele nähren, meinen Geist wecken und mir die Lust am Leben bewahren.

Gönnen wir uns die kleinen Auszeiten des Lebens!

Abwarten und Tee trinken. Träumen, verweilen, genießen.

Gelassen der Mensch
der sich nicht ausnützen lässt
weil er sich jeden Tag
Erholung gönnt
Er weiß tief innen dass er letztlich
nicht durch Leistung anerkannt ist

Pierre Stutz

Beim Verweilen verliert man keine Zeit, man lebt sie.

Karlheinz A. Geißler

Zufluchtsort

Es ist normal, dass der Wind des Lebens Unruhe in unseren Alltag bringt. Aber es ist nicht normal, wenn wir nie zur Ruhe kommen. Wir sind unruhig durch die Aufgaben, die an uns zerren, durch Krisen, in denen wir stecken, durch all unsere Pläne und Erwartungen. In der Unruhe unseres Herzens kann Gott uns nicht erreichen. Gott weiß, was unser Herz braucht. Er wartet darauf, dass wir Zeit mit ihm verbringen. Wenn wir wollen, dass Gott uns berührt, müssen wir zur Ruhe kommen. Einsamkeit ist der Ort, an dem wir frei sind von Ansprüchen, Verpflichtungen und Hektik.

Hier, in der Stille unseres Herzens, kann unsere Seele gehalten werden von Gott. Wie die Musik aus den Pausen lebt, so lebt unser Leben aus der Stille. Wir dürfen uns immer wieder selbst freigeben und an einen Ort gehen, an dem wir zur Ruhe kommen.

Unsere Seelenvorräte verbrauchen sich, wenn wir sie nicht nachfüllen. Wir verausgaben uns bis zur Selbstaufgabe. Gott möchte nicht, dass wir uns aufreiben wie ein Radiergummi. Er blickt voll Erbarmen auf uns, wenn wir uns vor lauter Arbeit keine Zeit zum Essen nehmen. Er ruft uns in die Stille, um Kraft, Zuversicht und Glauben in uns zu erneuern.

Im Gebet betreten wir den Rückzugsort, den Gott uns anbietet. Hier, im absoluten Nichts-Tun, kann Gott zu mir reden. In der Stille erkenne ich, dass das Leben nicht von mir abhängt. Es ist Gottes Sache und Gottes Kraft, die hinter allem steckt. In der Stille des Nichts-Tuns kann ich seine Stimme hören. Er spricht leise zu mir, voll Wärme, stark und tröstlich.

Er sagt: Sei still und erkenne, dass ich Gott bin, dass ich da bin! Sei still und lass mich meine Liebe in dich ausgießen! Sei still und lass mich dir neu Kraft und Hoffnung schenken. Sei still und lass mich dich verwandeln.

Inmitten des Alltags gibt es in Jesus für uns einen dauerhaften inneren

Ort der Ruhe, zu dem wir jederzeit Zugang haben können. Hannelore Illgen

Stillhalten
in der Stille
mich aushalten
Gedanken begrüßen, die mir begegnen
und weiterziehen lassen
mit Gott, der Welt und mit mir selbst
in Einklang kommen
nur noch Gottes Herzschlag hören
und meinen

Stille ernährt

Die Stille ernährt, der Lärm verbraucht.

Reinhold Schneider

In der Stille erholt sich meine Seele vom Lärm des Tages. In der Stille kann Gott sich in mich hineindenken. In der Stille werden meine schöpferischen Kräfte erneuert, meine Fähigkeit zu lieben, meine Sehnsucht nach Gott und das Wissen darum, dass ich sein Kind bin. Ich bin nach seinem Bild geschaffen. Gottes Art zu leben ist als Sehnsucht in mein Herz geschrieben. Gott ist nicht im Lärm zu finden. Er begegnet mir in der Stille.

Der Herr sagte: „Komm aus der Höhle und tritt auf den Berg vor mich hin! Ich werde an dir vorübergehen!"
Da kam ein Sturm, der an der Bergwand rüttelte, dass die Felsbrocken flogen. Aber der Herr war nicht im Sturm.
Als der Sturm vorüber war, kam ein starkes Erdbeben. Aber der Herr war nicht im Erdbeben.
Als das Beben vorüber war, kam ein loderndes Feuer.
Aber der Herr war nicht im Feuer. Als das Feuer vorüber war, kam ein ganz leiser Hauch.
Da verhüllte Elija sein Gesicht mit dem Mantel, trat vor und stellte sich in den Eingang der Höhle.

1. Könige 19,11-13a (GNB)

Stille muss man als lebenswichtiges Genussmittel begreifen, dann wird das Finden und Erfinden dieser Zeiträume leichter.

Lothar Kosse

Meiner Seele erlauben nachzukommen

Das Leben hat einen immer schnelleren Rhythmus bekommen. An unserer seelischen Ausstattung hat sich deshalb nichts geändert: Wir brauchen Zeit, um zu verarbeiten, was wir erleben. Zeit zum Wahr-Nehmen, Nach-Denken, Gedanken austauschen, Kuscheln und Lachen.

Die wirbelnde Hetze des Lebens, in die wir so oft geraten, bewirkt, dass wir unserer Seele davoneilen. Spüren wir noch, ob unser Körper und unsere Seele im Einklang sind? Wissen wir noch, was wir brauchen, um wieder ins Lot zu kommen?

Wir müssen unsere Lebensgeschwindigkeit verlangsamen, um unserer Seele Gelegenheit zu geben, uns immer wieder einzuholen.

Wir müssen nicht so verzweifelt schnell in die Zukunft laufen; die Zukunft kommt ganz von selbst.

Jetzt

Ich bin in Gedanken Schon dort wo ich morgen erst sein werde
Mit meinen Gedanken Renn ich mir davon
Ich bleibe stehen Spüre meinen kurzen Atem
Ich will Zu mir kommen Dahin Wo meine Füße sind

Anne Steinwart

Zu leben bedeutet, langsam geboren zu werden. Antoine de Saint- Exupéry

KINDERZEICHNUNG

Du hattest ein viereck gemalt,
darüber ein dreieck,
darauf (an die seite) zwei striche mit rauch –
fertig war
DAS HAUS

Man glaubt gar nicht
was man alles
nicht braucht

Reiner Kunze

Einfacher leben

Was ich alles nicht brauche

puritanische Sauberkeit
strikte Ordnung
verplante Tage
vielschichtige Aufgaben
akkurate Pünktlichkeit
langweilige Sitzungen
ausführliche Protokolle
weitläufige Bekannte
diverse Verpflichtungen
akribische Genauigkeit
detaillierte Überinformiertheit
weitere elektrische Haushaltsgeräte

Gott hat die Menschen einfach und aufrichtig geschaffen, aber manche wollen alles kompliziert haben.

Prediger 7,29 (GNB)

Was macht mein Leben kompliziert? Was raubt mir Zeit und Kraft? Wer bestimmt über meinen Alltag? Sind meine Ansprüche realistisch oder überzogen? Womit überfrachte ich mein Leben? Welchen Ballast kann ich abwerfen? Welche Bedürfnisse reduzieren?
Fragen, die mir helfen, mir auf die Spur zu kommen.

Einfachheit hilft uns, das, was wir sind, ganz zu sein. Viel zu lange schon sind wir in einem fremden Land gewesen. Jetzt aber lädt Gott Sie ein, nach Hause zu kommen. Dorthin, wo man fröhlich ist und wo der Frieden wohnt.

Richard Foster

Genug – der Luxus des Verzichts

Ich stelle dem Laster „Hektik" die Freiheit der Genügsamkeit entgegen. Ich darf mich beschränken. Ich darf eine Grenze festlegen, worauf steht: „Es ist genug!" Weniger ist mehr! Weniger Hektik, mehr Leben. Wenn Jesus mein Hirte ist, wird mir nichts fehlen. Was Jesus für mich getan hat, ist genug. Ich kann durch noch so viel Fleiß und Eifer nichts Wesentliches hinzufügen.
Gott möchte mich frei machen von Haben- und Seinwollen. Er möchte meine Leere füllen, meine Sehnsucht stillen. Gott sagt: „Lass dir an meiner Gnade genügen. Es mangelt dir nicht. Ich gebe dir Leben in Fülle!" Ich bitte Gott, mir den Geist der Genügsamkeit in mein Leben zu schenken: Ich habe – genug. Ich bin – genug. Ich genüge.

Gib dich zufrieden mit dem, was du hast, und verlange nicht nach allen möglichen anderen Dingen; denn das ist vergebliche Mühe und Jagd nach Wind.

Prediger 6,9 (GNB)

Herr, was ich brauche, du teilst es mir zu;
du hältst mein Los in der Hand.
Mir ist ein schöner Anteil zugefallen;
Was du mir zugemessen hast, gefällt mir gut (…)
Du führst mich den Weg zum Leben.
In deiner Nähe finde ich ungetrübte Freude;
aus deiner Hand kommt mir ewiges Glück.

Psalm 16,5.6.11 (GNB)

Wem genug zu wenig ist, dem ist nichts genug. Epikur

Die Kraft des Wesentlichen

Im Grunde haben wir keine Zeitprobleme, sondern Probleme,
uns auf die wirklich wichtigen Dinge zu konzentrieren.

Lothar J. Seiwert

Unser Zuhause ist nicht mehr der ruhige Ort weit weg von allen dringenden Aufgaben. Per Telefon und Mail sind wir immer und überall erreichbar. Jeder will etwas von uns, und zwar sofort. Ich muss unterscheiden, was nur dringend und was wirklich wichtig ist für mein Leben. Nur wenn ich meine Lebensziele kenne, kann ich der Tyrannei des Dringlichen widerstehen!

Dringende Dinge sind aufdringlich. Sie schreien laut danach, erledigt zu werden, und beweisen ihre Dringlichkeit gern durch einen Termin. Obwohl sie verhältnismäßig unwichtig sein können, drängen sie oft die wirklich wichtigen Dinge unseres Lebens in den Hintergrund.

Die wirklich wichtigen Dinge warten leise, sind unaufdringlicher und haben meistens keinen Termin. Sie müssen selten sofort, heute oder in dieser Woche noch erledigt werden. Sie machen in der Regel nicht von sich aus auf sich aufmerksam. Deshalb geraten sie leicht in Vergessenheit.

Aber es ist ein Lebensirrtum, dass Vorhaben wie Zeit für Ruhe, Gebet, Bibellesen, Gespräche mit Mann und Kindern, Spiel, Besuch eines Freundes, das Lesen eines wichtigen Buches, sinnvolle Bewegung und Ernährung warten können, ohne Schaden zu nehmen. Wenn wir charakterlich und geistlich reifen wollen, wenn wir stabile, liebevolle Beziehungen anstreben, wenn wir das Leben genießen möchten, müssen wir diesen Dingen einen angemessenen Stellenwert geben.

Mut zur Lücke

Die Möglichkeiten unseres Lebens überschreiten unser Zeitkontingent. Wir haben zu viele Gelegenheiten, eine zu große Auswahl. Es ist nicht gut, wenn man des Guten zu viel hat.

In Irland sagen die Menschen: Als Gott die Zeit machte, hat er genug davon gemacht. Aber meine Tage haben zu wenig Stunden für das, was ich gern alles tun würde. Ich muss Prioritäten setzen. Abschied nehmen von „immer und überall".

Das Gute ist des Besseren Feind – das Beste ist gerade gut genug! Prioritäten setzen heißt nicht nur, das Unnötige loszulassen, damit das Nötige mehr Bedeutung erlangt. Prioritäten setzen bedeutet, von vielen guten Möglichkeiten die besten auszuwählen. Den anerlernten Ja-Reflex zu unterbrechen und Nein zu sagen zu vielen Angeboten, die gut sein mögen, aber nicht in einen guten Rhythmus von Arbeiten und Ruhen passen. Prioritäten setzen bedeutet einschränken, verzichten, Erwartungen senken, Aktivitäten reduzieren.

Erst wenn ich weiß, was mir wichtig ist, kann ich entscheiden, welche der vielen guten Möglichkeiten ich umsetzen und welche ich lassen werde. Bevor die Dinge ihren Lauf nehmen, kann ich ihnen ihren Stellenwert zuteilen.

Gewohnheiten prägen unser Leben und unseren Charakter. Es ist eine gute Gewohnheit, sich jeden Morgen neu zu fragen: Was ist mir heute wichtig? Was ist Gott heute wichtig für mich? Immer wieder neu einzuüben, Prioritäten zu setzen in der Stille und im Hören auf Gott. Hier erhalte ich die Weisheit, Wichtiges von Dringendem zu unterscheiden. Hier finde ich den Mut, Nein zu sagen, Erwartungen zu enttäuschen. Hier entspringen Willensstärke, Kraft und Klarheit – Eigenschaften, die ich brauche, um zu verzichten und die eine, wirklich wichtige Sache zu tun.

Weil Jesus weiß, dass die Zeit in Gottes Händen ruht, geht Friede und keine Unrast von ihm aus.
Jesus hat Zeit und kann das Nächstliegende tun,
dienen in der provinziellen Umgebung von Nazareth und sich einfügen in das große Mosaik,
dessen Meister Gott ist. Das Fernstliegende, die großen Perspektiven, kann er getrost seinem Vater überlassen.

Helmut Thielicke

Mein Terminkalender hat so wenig freie Seiten,
mein Tag so wenig freie Stunden,
mein Leben so wenig freie Räume,
in denen ich allein sein kann, um zu mir selbst zu finden.
Zu viele Aufgaben, zu viele Menschen und zu viele Dinge.
Zu viel wichtige Aufgaben,
zu viel wertvolle Dinge und interessante Menschen.
Denn unser Leben ist nicht nur mit Trivialitäten überhäuft,
sondern auch mit Wesentlichem.
Wir können durch ein Übermaß an Kostbarkeiten
erdrückt werden – von einem Zuviel an Muscheln,
wo nur eine oder zwei bedeutungsvoll wären.

Anne Morrow Lindbergh

Verantwortung übernehmen

Ich aber bin gekommen, um ihnen das Leben zu geben, Leben im Überfluss.

Johannes 10,10 (GNB)

Was hindert mich daran, „einfach" zu leben? Lebe ich, was ich möchte?
Ich bin es, die dem Überflüssigen, das dem Leben im Überfluss im Weg steht,
Grenzen setzen muss und kann. Ich bin es, die festlegt, wem meine Zeit und meine
Liebe gehören. Ich bin es, die langsamer gehen muss, wenn die Schritte hasten, die
die Stille suchen muss, wenn die Seele nicht mehr mitkommt. Ich selbst kann mir
Ruhepausen erlauben in der Verwirrung des Tages:
Minutenurlaube mit Musik, Gymnastik, Lesen, Spaziergang, Sonne. Ich muss nicht
der Versuchung erliegen, jeden Augenblick meines Lebens fruchtbar zu verbringen.
Ich darf dem Kind in mir erlauben, Augenblicke zu verschleudern: spontan, fröhlich,
zweckfrei. Ich bin kein Opfer der Hektik. Ich selbst lege Ziel und Kurs meines Lebens
fest. Wer entscheidet, gestaltet. Wer nicht entscheidet, wird gestaltet.

*Wollen wir uns über die Zeiten beklagen? Nicht die Zeiten sind gut oder schlecht.
Wie wir sind, so sind auch die Zeiten. Jeder schafft sich selber seine Zeit!
Lebt er gut, so ist auch die Zeit gut, die ihn umgibt! Ringen wir mit der Zeit,
gestalten wir sie! Und aus allen Zeiten werden heilige Zeiten.*

Aurelius Augustinus

Freudentanz-Momente

Der Herr, dein Gott, ist in deinen Mauern, er ist mächtig und hilft dir.
Er hat Freude an dir, er droht dir nicht mehr, denn er liebt dich; er jubelt laut, wenn er dich sieht.

Zephanja 3,17 (GNB)

Freude, die in Jesus gründet, ist kein Bauchgefühl, das schnell verfliegt, sondern geistliche Wirklichkeit! Freude im Gedränge des Lebens, in den Fragen und Nöten des Alltags, Freude, die aus dem Frieden kommt, den Gott in unser Herz legt. Frucht des Geistes, Geschenk des Himmels, Grundton von Glück, Sinnfülle und Geborgenheit über unserem Leben. Es wird Zeit, dass wir die Freude ernst nehmen!

Macht euch keine Sorgen, denn die Freude am Herrn umgibt euch wie eine schützende Mauer.

Nehemia 8,10b (GNB)

Feiere dein Leben

Feiere bisweilen dein Leben.
Feiere, dass du gesund bist,
dass dir das Leben mit Herausforderungen begegnet.
Feiere das Geschenk von Freundschaften
und deine Fähigkeit zu lieben.
Feiere deine kleinen alltäglichen Erfolge
und die Entscheidungen,
die dich einen Schritt dir selbst näher gebracht haben.
Feiere, dass einer JA zu dir sagt!

Christa Spilling-Nöker

Es gibt für den Menschen nichts Besseres
als essen und trinken und genießen, was er sich erarbeitet hat.
Doch dieses Glück hängt nicht von ihm selbst ab: Es ist ein Geschenk Gottes.
Denn wer hat zu essen oder hat Grund zur Freude ohne ihn?

Prediger 2,24.25 (GNB)

Feier-Abend

Um zur Ruhe zu finden, ist es wichtig, sich bewusst vom Tag zu verabschieden … Je besser es uns gelingt, eine Schwelle zwischen Tag und Nacht zu setzen, desto nachhaltiger werden wir die Wohltat des Feierabends erfahren.

Antje Sabine Naegeli

Das Ende des Tages begrüßen. Ich mag Abendessen. Schön, wenn es gelingt, diese Mahlzeit mit lebenskünstlerischer Gelassenheit zu genießen. Rotwein, knuspriges Brot und Käse. Ein frischer Salat zum Ausklang des Tages. Höhepunkte des Alltags, wenn dabei die ganze Familie am Tisch sitzen kann. Meine Freundin findet Salatzubereiten abends zu aufwendig. „Das dauert doch bestimmt eine Viertelstunde!" Jede südländische Mama würde die Hände über dem Kopf zusammenschlagen! Wenn das kein angemessener Aufwand ist für eine gute Mahlzeit, die lange anhält, gesund ist und froh macht!
Sind es nicht oft die einfachen Zutaten des Lebens, die uns zutiefst zufrieden sein lassen?
Der unvergleichliche Geschmack von kühler Butter auf einer frischen Scheibe Brot. Das glucksende Geräusch, wenn der erste Schluck Wein aus der Flasche fließt. Gemütlich beieinander sitzen, gemeinsam den Tag beschließen. Lachende, zufrieden kauende Gesichter. So viel Grund, glücklich zu sein!

Geh hin, iss dein Brot mit Freude und trink deinen Wein mit frohem Herzen! Denn längst hat Gott Wohlgefallen an deinem Tun.

Prediger 9,7 (ELB)

Mit Engeln tafeln

Ich bin glücklich in Gemeinschaft mit Menschen, die ich mag, bei der überraschenden Entdeckung von Gemeinsamkeiten, in offenen Begegnungen, in fruchtbaren, lebendigen Beziehungen. Wenn es dabei etwas Leckeres zu essen gibt, bin ich über-glücklich. Ich bin glücklich, wenn Menschen mich lieben und das zum Ausdruck bringen. Wenn ein Freund seine Schuhe auszieht und sich auf meinem Sofa ausstreckt oder in der Küche auf der Anrichte sitzt, Beine und Seele baumeln lässt und mir voll Vorfreude beim Kochen zusieht. Ich bin glücklich, wenn ich mich bei jemandem zu Hause fühle und nicht um Anerkennung werben muss, einfach ich selbst sein kann. Ich genieße es, bei einem guten Essen mit Freunden zu reden und zu lachen. Zeit für Schwerelosigkeit und Lebensfragen.

Treiben Sie nicht so einen Aufwand, wenn Sie Gäste haben.
Echte Gastfreundschaft ist einfacher, gelassener.

Richard Foster

„Vergesst nicht Gastfreundschaft zu üben; denn ohne es zu wissen,
haben manche auf diese Weise Engel bei sich aufgenommen."

Hebräer 13,2 (HFA)

Gönn dich dir selbst

Sinnliche Unterbrechungen. Honig und Gesumm. Ausgestreckt unter freiem Himmel liegen, den Augenblick berühren. Mich nicht so wichtig nehmen. Überflüssig sein dürfen. Hingehen, wenn Gott mir eine Einladung schickt, das Leben zu feiern!
Ich bin nicht wichtig durch mein Tun, ich kann auch lassen, träumen, mich bescheiden. Für Gott bin ich wichtig durch mein Sein.

Ich übe mich darin, gut mit mir selbst umzugehen. Beim Arbeiten meine Grenzen nicht zu überschreiten. Zu meinem eigenen Maß zu finden. Schlechte Gedanken über mich in ihre Schranken zu verweisen. Meine Bedürfnisse zu erkennen. Mich anzunehmen wie ich bin. Mir Gutes zu gönnen.

Weniger zögern und mehr wagen, öfter innehalten, anstatt zu hasten, heute leben, anstatt zu verschieben, unsere Träume leben, anstatt unser Leben zu träumen.

Jochen Mariss

Aufmerksam

Wo soll ich anfangen? Am besten bei deinen zahlreichen Beschäftigungen, denn ihretwegen habe ich am meisten Mitleid mit dir. Ich fürchte, dass du, eingekeilt in deine zahlreichen Beschäftigungen, keinen Ausweg mehr siehst und deshalb deine Stirn verhärtest; dass du dich nach und nach des Gespürs für einen durchaus richtigen und heilsamen Schmerz entledigst.
Es ist viel klüger, du entziehst dich von Zeit zu Zeit deinen Beschäftigungen, als dass sie dich ziehen und dich nach und nach an einen Punkt führen, an dem du nicht landen willst. Du fragst: „An welchen Punkt?" An den Punkt, wo das Herz hart wird.

Wenn also alle Menschen ein Recht auf dich haben, dann sei auch du selbst ein Mensch, der ein Recht auf sich selbst hat. Warum solltest einzig du selbst nichts von dir haben? Wie lange noch schenkst du allen anderen deine Aufmerksamkeit, nur nicht dir selbst? Ja, wer mit sich selbst schlecht umgeht, wem kann der gut sein?
Denk also daran: Gönne dich dir selbst. Ich sag nicht: „Tu das immer." Ich sage nicht: „Tu das oft." Aber ich sage: „Tu das immer wieder einmal. Sei wie für alle anderen auch für dich selbst da, oder jedenfalls sei es nach allen anderen."

Bernhard von Clairvaux in einem Brief an Papst Eugen III.

Sinnenmomente

Das Leben leicht tragen und tief genießen ist ja doch die Summe aller Weisheit.

Wilhelm von Humboldt

Ich bin ein Nasenmensch. Morgens, wenn ich Kaffee koche, beginnt das Nasenkonzert. Nein, vorher. Im Bad, wenn ich mein Lieblingsdeo mit Zitrusduft auftrage und die zart nach Rosen duftende Gesichtscreme. Nein, noch früher! Eigentlich beginnt der Nasenparcours bereits im Bett, wenn ich die vertraute Haut des Mannes rieche, der mir einen kratzigen Guten-Morgen-Kuss gibt.

Ich liebe den Duft von heißer Schokolade und der frisch gedruckten Tageszeitung. Herrlich der erste Lungenzug frischer Morgenluft, wenn ich das Haus verlasse, um mit dem Hund täglich die gleiche Strecke mit dem Rad zum See zu fahren. Ich freue mich immer auf den Moment, in dem wir in den Wald eintauchen. Kurz davor atme ich noch einmal tief aus, um möglichst viel des köstlichen Duftes zu erhaschen. Das glückt am besten morgens, wenn die ätherischen Öle aufsteigen. Einen vergänglichen Atemzug lang bin ich angefüllt mit der würzigen Luft, die aus dem Grün strömt. Es riecht nach Rinde, feuchtem Moos und Bärlauch. Dann tritt Gewöhnung ein. Daheim füttere ich Hund, Hasen und Hühner. Das Beste daran ist der Duft nach frischem Heu.

Nimm das Leben als ein Fest … Duftorgien in der Küche – der würzige Duft von angebratenem Knoblauch gehört ebenso zu meinen Favoriten wie frisch geschnittene Kräuter, frisch geschälte Orangen, Zimt und Nelken. Der Tag endet mit einem tiefen Atemzug in das nach Frühling riechende Kopfkissen und einem letzten Schnüffeln an vertrauter Männerhaut … Nasenmenschsein ist erblich. Die Stupsnase meiner Tochter Lena ist oft witternd himmelwärts gerichtet. Ihr Geruchssinn ist noch um ein Vielfaches ausgeprägter als meiner. Lenas erster frühkindlicher Satz war eine Frage: „Hiecht so gut?"

Meine anderen vier Sinne scheinen ähnlich leidenschaftlich angelegt zu sein. Ich liebe Gaumenfreuden jeder Art, mich verlangt nach kräftigen Massagen und zarten Berührungen meines Liebsten, ich kann mich nicht satt sehen an der Schönheit der Natur und meiner Kinder, kriege nie genug von dem Vogelkonzert im Frühling, dem Wellenrauschen des Meeres und dem Lachen meiner Freunde.

Wie herrlich, dass Gott uns so geschaffen hat! Wenn wir auch im Genießen Gott ebenbildlich sind, kann ich nur ahnen, welche Freuden der Schöpfer des Universums kennt, dem keine Schönheit der Welt verborgen ist. Und inmitten der Wohltaten des Alltags berührt mich manchmal eine kleine Vorahnung davon, welche Sinnesfreuden mich im ewigen Königreich der vollkommenen Freude erwarten.

Versag dir nicht das Glück des heutigen Tages; an der Lust, die dir zusteht, geh nicht vorbei!

Jesus Sirach 14,14 (EÜ)

Tu deinem Leib etwas Gutes, damit deine Seele Lust hat, darin zu wohnen. Teresa von Avila

Dem lieben Gott
ins Fenster schauen

Ja, die Natur ist wohl schön und wert, angesehen zu werden; aber sie soll uns nur von einem,
der noch schöner, erzählen und uns nach ihm das Herz verwunden.

Matthias Claudius

In der Natur komme ich leichter mit Gott in Kontakt. Überall sehe ich seine Spuren. Daheim sehe ich oft nur die Spuren meiner Familie und der Hundepfoten. „Rausgehen" ist eine große Sehnsucht von mir. Draußen bin ich nah bei Gott. Ich weiß, dass Gott immer nah bei mir ist, aber draußen spüre ich seine Nähe leichter. In der Abgeschiedenheit und dem Alleinsein in der Natur geschieht Beten wie von selbst.

Die Natur ist voller Sinnbildlichkeit und erzählt von dem Wesen ihres Schöpfers – von seiner Liebe, seiner Fantasie und Kreativität, seiner Macht, Treue und seinem Überblick. Das wechselnde Wetter, das immer wieder Anlass zur Hoffnung gibt, die dunkle Erde, in der immer wieder neues Leben keimt, das geduldige Warten auf den richtigen Zeitpunkt, der Lauf der Jahreszeiten – all das spricht eine Sprache, die zu meiner Seele einen eigenen Zugang findet: Frühling, wie ein offenes Tor zum Land der vielen Möglichkeiten, der Sommer mit seiner verschwenderischen Fülle, der Herbst mit seiner Lektion über Vergänglichkeit und Abschied, der Winter mit seiner Klarheit und Begrenztheit, seiner Einladung zur Ruhe. Und wieder beginnt ein neuer Frühling, wieder ist die Macht des Winters gebrochen. Wieder explodiert der Wald lindgrün, über Nacht. Was für eine Kraft steckt dahinter! Momente, in denen mich eine leise Ahnung von Gottes Wirken durchrieselt, von dem Freudentaumel im Himmel.

Gott ist zwar unsichtbar, doch an seinen Werken, der Schöpfung,
haben die Menschen seit jeher seine göttliche Macht und Größe sehen und erfahren können.

Römer 1,20 (HFA)

Rhythmusgefühl

Gott ist ein Schöpfer mit starkem Rhythmusgefühl. Er schuf Ebbe und Flut, Tag und Nacht, Wochentage und Sonntage, den Wechsel der Jahreszeiten. Schon am Anfang der Bibel erleben wir Gottes Rhythmus von Arbeiten und Ruhen. Gott erschafft die Erde mit Kraft und Einfallsreichtum. Und dann – genießt er:

Und Gott sah alles an, was er geschaffen hatte, und sah: Es war alles sehr gut.

1. Mose 1,31 (GNB)

Wochenenden sind eine gute Erfindung – sie kommen immer dann, wenn ich sie brauche. Spätestens am Freitagnachmittag spüre ich die Anspannung der vergangenen Woche in meinem Nacken. Zeit zum Loslassen, zum Entspannen. Arbeiten ist schön. Ruhen auch. Gott hat mir Hände und fünf Sinne gegeben. Ich darf tun und lassen. Ärmel hochkrempeln und Hände in den Schoß legen. Mitarbeiten und mitfeiern. Gott will, dass ich ihm diene – und dass ich ihn mir dienen lasse. Gott will, dass ich Freude in Fülle habe. Der Sonntag hat einen schönen Namen!
Gott stellt auch uns in seine dynamischen Lebensrhythmen, in den großen Kreislauf von Geben und Nehmen, Werden und Vergehen, Arbeiten und Ruhen, Ernten und Säen, Erobern und Besiedeln, Festhalten und Loslassen, Trauern und Feiern.

Gott ebenbildlich sehnen wir uns nach einem gesunden Rhythmus. Darin sind wir zu Hause, darin sollen wir leben und dankbar sein. Wir sind nicht nur zum Arbeiten geschaffen, sondern auch zum Feiern. Wir dürfen klagen und wir dürfen tanzen, alles ist angemessen zu seiner Zeit.

Jesus hat nach Schaffensphasen bewusst die Stille gesucht, sich neu mit Kraft füllen lassen. Er hat sich nicht über-arbeitet. Obwohl die Gelegenheiten zu heilen und zu verkünden nie versiegten, war sein Leben nie hektisch, sondern ausgeglichen. Jesus hat seine Gaben nicht durch Eile und pausenloses Tun unbrauchbar gemacht. Rhythmus und Gleichgewicht gehören eng zusammen. Es liegt an uns, nachzuspüren, wo wir aus dem Rhythmus gekommen sind.

Mensch, lerne tanzen, sonst wissen die Engel im Himmel nichts mit dir anzufangen!

Augustinus

Ab in den Süden

Das Gefühl des ersten Tages gehört zu meinen Lieblingsgefühlen: gerade angekommen, am Anfang eines großzügig bemessenen Zeitraums, in einer vielversprechenden Gegend, das Gepäck voll luftiger Kleidung, Bücher und Pioniergeist. Das Gefühl, alle Zeit und Möglichkeiten der Welt zu haben – ein Gefühl, das ich so nur aus der Kindheit kenne.

Wovon ich seit Wochen geträumt habe, ist nun Wirklichkeit! Ohne Zögern erwacht jener Teil in mir, der daheim oft verkümmert, lebe ich das Leben, das ich fast verlernt habe: Planlos in den Tag hinein leben. Die Welt um mich herum entdecken. Ein wenig lesen. Das bisschen Haushalt. Fertig. Wie mühsam erkämpft sind im Alltag die wenigen Mußestunden. Und nun so viel unverplante Zeit am Stück! Raum für Spontaneität, Nähe, Unkompliziertheit und Fröhlichkeit. Ich gehe Augenblicke mit meinen Lieben sammeln. Gesunde Gemeinschaft braucht unbelastete Zeiten, ungestörte Gespräche, bei denen es nicht darum geht, Organisatorisches abzustimmen und Probleme zu lösen. Hier können wir uns neu aufeinander abstimmen. Wie dankbar sind wir für diese Alltagsausbrüche.

Das Lebenstempo herunterschalten. Nichts leisten müssen. Nicht viel mehr als nichts tun. Ich genieße das Nicht-Gestalten, Nicht-Planen und lebe aus dem Bauch heraus. Einfach nur sein. Eine so lange Zeit, dass ich meinen Alltag wirklich hinter mir lasse. Den Reichtum der Einfachheit entdecken und damit – heitere Gelassenheit. Ich bin so zufrieden, wie jemand nur sein kann, dessen tiefstes Bedürfnis gerade gestillt wird. Meine Seele atmet auf. Die Tage verschwimmen ins Zeitlose.

Jeden Morgen neu liegt ein Tag vor mir, dem ich einen besonderen Akzent geben kann, weit weg von den Vorgaben und Grenzen des Alltags. Was habe ich alles sehen wollen, als ich hergekommen bin, und nun sitze ich zufrieden in der Sonne, gucke, schmecke, rieche, lausche.

Schaf-sein

Der Herr ist mein Hirte, ich habe alles, was ich brauche.
Er lässt mich in grünen Tälern ausruhen, er führt mich zum frischen Wasser.
Er gibt mir Kraft. Er zeigt mir den richtigen Weg um seines Namens Willen.

Psalm 23, 1-3 (NLB)

Die Natur tut das Ihre. Die Bauern haben im Lauf der Jahrhunderte aus der sanften Hügellandschaft ein Naturkunstwerk gestaltet mit ihren Höfen, Weinbergen, Olivenhainen, Lavendelfeldern, Zypressen und Wiesen. Dunst liegt über den Tälern und löst die Konturen wie mit einem Weichzeichner auf. Die Luft ist geschwängert von süßem Akazienduft und glitzert bis zum Horizont. Das Gefühl, daheim zu sein. Diese Harmonie der Farben, diese Wärme und Weite! Der Fluss mit seinen Sandbuchten, eingebettet in sanfte Berge. Ununterbrochen fließt und rauscht er und füllt das Tal mit seinem mächtigen Hintergrundgeräusch. Es ist, als hätte er eine Seele. Wie oft sitze ich abends einfach nur an seinem Ufer, um zu sehen, wie die Nacht kommt, im Einklang mit mir, Gott und der Welt.
Wandern durch lichte Kastanienwälder. Grün in allen Schattierungen. Lindgrün die Baumkronen, in denen sich die Morgensonne bricht, Smaragdgrün das Wasser tief unter uns. In einer sonnendurchfluteten Schlucht, in der drei Flüsse ineinanderfließen, machen wir Rast auf riesigen Steinen. Über uns schweben zwei uralte Steinbrücken. So etwas Schönes habe ich schon lange nicht mehr gesehen. Urlaub weckt Sehnsucht nach mehr, nach Ewigkeit. In mir wird zur Gewissheit, dass ich mein Leben nach dem Tod wieder in einem paradiesischen Garten verbringen werde. Wie oft habe ich mir ausgemalt, wie die Wohnung sein wird, die Jesus mir bereitet – am Meer oder in den Bergen, mit Garten oder direkt an einem See, mit Duft nach Thymian und Zitronenmelisse, Pfirsichbäumen und Mandelblüte …

Habt keine Angst! Vertraut auf Gott und vertraut auch auf mich!
    Im Haus meines Vaters gibt es viele Wohnungen, und ich gehe jetzt hin, um dort einen Platz für euch bereitzumachen.

Johannes 14, 1.2 (GNB)

Ruhepuls der Zeit

Hier scheint der Puls der Zeit ruhiger zu schlagen. Abstand vom Land der tausend Möglichkeiten, der hunderttausend Entscheidungen. Am Morgen nur zwei Entscheidungen treffen: Welches meiner drei Kleider ziehe ich an? Croissant oder Baguette? Ich freue mich über die kleinen Läden mit je einer Sorte Seife, Shampoo und Milch, aber zwanzig Sorten Rotwein. Welche Entspannung! Wochenmarkt in dem alten Dorf auf dem Hügel; Stoffe, Handwerk, Kulinarisches. Ich gönne mir eine schwere weinrote Tischdecke, Ausdruck südländischer Lebensart. Brot, Käse, Tomaten und Erdbeeren. Wir sitzen unter Platanen am Flussufer und sind stumm begeistert. Hin und wieder vorsichtige Überlegungen, wie wir das Leben nach dem Urlaub gestalten wollen …

Die Zeit vergeht wie im Flug.
Kaum einer schaut hier auf die Uhr.
Nur gegen Abend, wenn die Schatten länger werden,
fragt man sich – ohne Reue –,
wo die Stunden geblieben sind.
So müsste das Leben sein.
Am Ende müsste man sich erfüllt und glücklich fragen,
wie denn so viele wunderbare Erlebnisse
in ein so kurzes Leben haben hineinpassen können.

Manfred Siebald

Blaue Stunde

Kanu fahren, im klaren Flusswasser baden, im Wind schlafen oder kleine Häppchen aus meinem Literaturberg wählen, um wieder das Lesen zu lernen. Zur Besinnung kommen. Gegen Abend ein leichtes Sommergericht. Ich entspanne mich von Tag zu Tag. Kümmere mich nur um mich und meine Nächsten hier. In dieser Ausschließlichkeit liegt das Geheimnis von Erholung.

Die Nacht ist lau und duftet intensiv. Endlose Stunden. Kerzen flackern, Grillen zirpen, vertrautes Gelächter. Der Wein geht aus. Nach dem obligatorischen Kartenspiel sitzen wir stundenlang unter dem funkelnden Sternenhimmel, sehen den Glühwürmchen bei ihrem Mitternachtsball zu und unterhalten uns mit gedämpfter Stimme, bis alles gesagt ist. Irgendwann machen wir ein kleines Feuer, rücken zusammen, keiner will schlafen gehen. Die Ruhe sinkt in mein Herz.

Der Abstand von zu Hause wird groß und immer größer, der Alltag verschwindet in der Vergangenheit, und je weiter er sich entfernt, umso vorstellbarer wird es, ihm wieder begegnen zu wollen. Wir haben den anderen wieder von seiner besten Seite kennengelernt, im Besitz seiner vollen Kräfte, ausgeruht und gut gelaunt. Wir haben neue Kraft geschöpft. Nun freue ich mich wieder auf zu Hause, kann ich Altbewährtes wieder schätzen. Eine Frage nehme ich mit: Darf es etwas weniger sein?

Hier hat man Zeit: Zeit zur Besinnung;
Zeit, in Muße zu arbeiten; Zeit, um nachzudenken;
Zeit, dem Reiher zuzusehen, wie er regungslos auf seine Beute wartet;
Zeit, zu den Sternen aufzusehen oder eine Muschel zu betrachten;
Zeit, seine Freunde zu sehen, zu schwatzen, zu lachen, sich zu unterhalten
– ja, sogar Zeit, sich nicht zu unterhalten.
Hier, auf der Insel, entdecke ich, dass ich schweigend neben einem Freund sitzen kann
und mit ihm den letzten Streifen des Tages teile, der silbriggrün am Horizont glänzt …

Anne Morrow Lindbergh

Die Gunst der Stunde

Leben geschieht nur jetzt. Nur im Jetzt kann ich mein Leben gestalten, prägen, genießen. Nur jetzt „habe" ich Zeit. Heute wachse ich, heute kann ich lieben. Das Gestern ist vergangen, das Morgen nur eine Hoffnung. „Hier und Jetzt" sind die Bausteine meines Lebens.

Seelenlose Zeiten erleben wir, wenn wir ständig wehmütig auf die guten alten Zeiten zurückblicken oder uns nur um unsere Zukunft sorgen. Geistesgegenwärtig leben heißt, das Gestern und Morgen in Gottes Hand zu legen und heute zu leben.

Nicht im Gestern und nicht im Morgen ereignet sich das Leben, sondern in der Wirklichkeit des Augenblicks. Während ich die Vergangenheit bedauere und die Zukunft fürchte, spricht Gott zu mir: „Ich bin!" Ich erfahre Gott weder in der Vergangenheit noch in der Zukunft, denn Gott ist im Hier und Jetzt.

Elke Werner

Zeit fließt beständig und unwiederbringlich. Jeder Tag ist ein unwiederholbarer Tag von der Summe meines Lebens. Auch wenn ich ihn bewusst und dankbar lebe, geht er vorüber und ist nicht mehr verfügbar. Das hält meine Sehnsucht nach Ewigkeit und Unvergänglichkeit wach. Ich irre, wenn ich glaube, dass sich die Augenblicke in meinem Leben unendlich oft wiederholen. Das tun sie nicht. Ich erlebe einen Sonnenaufgang oder eine kostbare Begegnung nicht beliebig oft, auch wenn sich das so anfühlen mag.

Trotzdem ist meine Zeit voller Momente, die Bestand haben – mit Gottes Augen gesehen. Mein Zeitempfinden wächst, wenn ich mir der Kostbarkeit solcher Augenblicke bewusst werde. Ich habe keine Macht über die Zeit, aber sehr wohl darüber, wie ich sie nutze. Der Gegenwart kommt große Bedeutung zu. Ich möchte sie nicht verpassen! Ich will mich der Länge nach in das Jetzt legen.

Was in der Vergangenheit geschah und was in Zukunft geschehen wird, hat Gott lange zuvor festgelegt. Und die Zeit, die uns entschwunden ist, ist bei ihm nicht vergangen.

Prediger 3,15 (GNB)

Jetzt und Hier

alles ruhen lassen
die Hände im Schoß
das Gras wachsen hören
träumen
mich bescheiden auf das,
was ich bin
nicht von Bedeutung sein wollen
Ballast loslassen
mich trennen von dem, was mich halten will
jetzt und hier
aufhören, alles planen zu wollen
alles wissen zu müssen
mich dem Augenblick überlassen
nur der steht mir zur Verfügung
jetzt und hier
Ja sagen zu meinem Alltag
zu meinen Menschen
mich freuen, dass es mich gibt
Leben spüren mit allen Sinnen
dem Ruf der Morgenamsel folgen
den Wind auf der Haut fühlen
dem Schatten nachwandern
in die Sonne blinzeln
Brot, Oliven, funkelnder Wein
im Licht der Gegenwart
das Geschenk der Dankbarkeit entgegennehmen
Leben leben
jetzt und hier

Freunde

Ich sehne mich nach lebendigen Beziehungen. Ich liebe die überraschende Entdeckung von Gemeinsamkeiten. Wie kostbar sind Freunde, die sich für mich interessieren, die mir Herzensfragen stellen und Anteil nehmen an meinem Leben!
Freunde sind ein zweites Zuhause. Unter Freunden muss ich nicht um Anerkennung werben. Weil ich erkannt und geliebt bin, ich selbst sein kann.
Ich genieße es, bei einem guten Essen mit Freunden zu lachen.

Zwei sind allemal besser dran als einer allein. Wenn zwei zusammenarbeiten, bringen sie es eher zu etwas.
Wenn zwei unterwegs sind und hinfallen, dann helfen sie einander wieder auf die Beine.
Aber wer allein geht und hinfällt, ist übel dran, weil niemand ihm helfen kann.
Wenn zwei beieinander schlafen, können sie sich gegenseitig wärmen. Aber wie soll einer allein sich warm halten?
Ein einzelner Mensch kann leicht überwältigt werden, aber zwei wehren den Überfall ab.
Noch besser sind drei; es heißt ja: „Ein Seil aus drei Schnüren reißt nicht so schnell."

Prediger 4,9-12 (GNB)

Freunden kann auch mal der Kragen platzen, wenn sie mit dir reden, aber nur weil ihr Herz für dich bis zum Hals schlägt.
Freunde stört es nicht, bei dir fernzusehen, auch wenn du schon längst ins Bett gegangen bist.
Freunde kämpfen für dich nächtelang im Gebet und sagen dir: „Ich habe neulich mal an dich gedacht!"
Freunde möchten deine Welt kennenlernen und entdecken immer wieder neue Erdteile.
Freunde erleben dich mit verklebten Augen, ungewaschenen Haaren und sehen dahinter deine Einzigartigkeit und Schönheit.
Freunde können es sich leisten, bei einem Witz, den du erzählst, nach der Pointe zu fragen.
Bei deinen Freunden kannst du nachts um halb drei klingeln, und sie fragen: „Kaffee oder Tee?"
Freunde reden manchmal blödes Zeug, weil sie wissen, dass du keine Goldwaage im Keller hast.
Freunde kennen sich nicht in deiner Brieftasche aus, dafür aber in deinem Kühlschrank.
Freunde geben dir im Winter ihr letztes Hemd und behaupten, sie wollten sich sowieso gerade sonnen.
Freunde machen es so ähnlich wie Gott: Sie mögen dich so, wie du jetzt bist, trauen dir aber zu, dass du dich verändern kannst!

Albrecht Gralle

Sich sorgen nimmt dem Morgen nichts von seinem Leid, aber es raubt dem Heute die Kraft. Corrie ten Boom

Tages-Manna oder Morgen-Sorgen?

„Sorgt euch nicht um euren Lebensunterhalt, um Essen, Trinken und Kleidung. Leben bedeutet mehr als nur Essen und Trinken, und der Mensch ist mehr als seine Kleidung. Seht euch die Vögel an! Sie säen nichts, sie ernten nichts und sammeln auch keine Vorräte. Euer Vater im Himmel versorgt sie. Meint ihr nicht, dass er sich um euch noch viel mehr kümmert? Und wenn ihr euch noch so viel sorgt, könnt ihr doch euer Leben auch nicht um einen Augenblick verlängern.

Weshalb macht ihr euch so viele Sorgen um eure Kleidung? Seht euch die Blumen auf den Wiesen an! Sie arbeiten nicht und kümmern sich auch nicht um ihre Kleidung. Doch selbst König Salomo in seiner ganzen Herrlichkeit war lange nicht so prächtig gekleidet wie irgendeine dieser Blumen. Wenn aber Gott sogar das Gras so schön wachsen lässt, das heute auf der Wiese grünt und morgen vielleicht schon verbrannt wird, meint ihr, dass er euch dann vergessen würde? Vertraut ihr Gott so wenig? Hört also auf, voller Sorgen zu denken: ‚Werden wir genug zu essen haben? Und was werden wir trinken? Was sollen wir anziehen?' Wollt ihr denn leben wie die Menschen, die Gott nicht kennen und sich nur mit diesen Dingen beschäftigen? Euer Vater im Himmel weiß ganz genau, dass ihr das alles braucht. Gebt nur Gott und seiner Sache den ersten Platz in eurem Leben, so wird er euch auch alles geben, was ihr nötig habt.

Deshalb habt keine Angst vor der Zukunft! Es ist doch genug, wenn jeder Tag seine eigenen Lasten hat. Gott wird auch morgen für euch sorgen."

Matthäus 6,25-34 (HFA)

Gott nimmt uns unser Sorgen genau in dem Maß ab, wie wir es ihm abgeben.

Paul Toaspern

Leben im Hier und Jetzt ist ein biblisches Prinzip! Meine Zukunft habe ich nicht in der Hand. Umso mehr aber meine Haltung, in der ich in der Gegenwart lebe. Ich soll mich nicht sorgen!

Es ist Gottes Leben, nicht meines. Gott will nicht, dass ich meine Zeit mit Grübeln und Ängstigen verbringe. Sich sorgen ist eine Kompetenzüberschreitung. Dieses Vorhaben ist zu groß für uns Menschen. Es ist Gottes Aufgabe, sich um uns und unsere Zukunft zu sorgen. Wir sind zu klein, um ihm diese Verantwortung abzunehmen. Ich darf all meine Sorgen auf Gott werfen, er will sie mir vollständig abnehmen.

Demut bezeichnet den Mut, unsere Lasten loszulassen.
Vertrauen ist der Weg – wir vertrauen unsere Sorgen dem Vater der Fürsorge an.
Liebe ist seine Antwort.
Mut wächst.

Gelassenheit

Eine Handvoll Gelassenheit ist besser als beide Hände voll Mühe und Jagd nach Wind.

Prediger 4,6 (GNB)

Selig ist, wer etwas werden lassen kann, ohne sich einzumischen.

Heinrich Lhotzky

Woher kommt mir innere Gelassenheit, wenn die äußeren Umstände beunruhigend wirken? Immer mehr von der Erkenntnis, dass Gott mich noch nie im Stich gelassen hat. Wer einen großen Gott hat, kann sich Ruhe leisten. Er kann seine Pläne loslassen, seine Machenschaften, sein Gestalten-Wollen. Wer Gott sein Leben, seine Zeit anvertraut, erntet inneren Frieden trotz widriger Umstände.

Immer wieder neu Gott vertrauen wie ein Kind. Daran festhalten, dass er mich sieht, führt und hält in seinen ewigen Armen. Erwartungsvoll beten. Nicht klagen, weil mein Glaube klein ist wie ein Senfkorn. Wenn es doch der Glaube an einen großen Gott ist ...

Rede mit Gott über alles, was dir auf dem Herzen liegt.
Dann sage Amen und geh in Ruhe deinem Alltag und deinen Alltagsbeschäftigungen nach.
Es ist in deinen Alltagsbeschäftigungen, wo Gott dich weiterführen und zum Ziel bringen wird.

Oswald Chambers

Hoffnung ist die Fähigkeit, die Musik der Zukunft zu hören. Glaube ist der Mut, in der Gegenwart danach zu tanzen.

Peter Kuzmic

Lichtseiten des Alltags

Genieße jeden Tag mit der Frau, die du liebst, solange das Leben dauert, das Gott dir unter der Sonne geschenkt hat, dieses vergängliche und vergebliche Leben.

Prediger 9,9 (GNB)

Was ist mein Glück? Die gefühlten Höhepunkte des Lebens oder die ruhige Selbstverständlichkeit meines Alltags? Man kann lange so leben, als stünde einem alle Zeit der Welt zur Verfügung und auf die vollkommenen Augenblicke des Glücks warten. Dabei vergisst man leicht, dass das ja erst im nächsten Leben der Fall ist …

Glück ist nicht eine Station, bei der man ankommt, sondern eine Art zu reisen.

Margaret Lee Runbeck

Alltagsglück. Immer klarer erkenne ich: Das Glück steckt in den kleinen Momenten. Arbeiten und ruhen, Gemeinschaft haben, helfen, lachen, weinen und wieder arbeiten. Glück ist, die handfeste Wirklichkeit des ganz normalen Lebens zu erleben. Inmitten der Menschen, die mir vertraut sind. Glück ist, begreifen, wie wenig ich brauche und wie viel ich habe. Wohltuende Begegnungen, Sinn-volle, wiederkehrende Aufgaben – das Leben feiern, nicht nur an einigen herausgehobenen Fest-Tagen, sondern in den einfachen alltäglichen Dingen. Feste der kleinen Siege, von denen nur die Familie weiß, was sie dem Einzelnen bedeuten. Dankbarkeitsfeste. Kuschelfeste. Freundschaftsfeste. Chaosfeste. Das Fest der über Nacht erblühten Gänseblümchentruppe vor dem Küchenfenster und der Rückkehr der Singvögel. Das Fest der überstandenen Hausaufgabenschlacht, der frisch geputzten Fenster und des ersten Erdbeerkuchens. Das Fest der Versöhnung.

Ich besuche eine alte Frau, die ihren demenzkranken Mann pflegt. Noch kann er im Haus umhergehen, aber er reagiert nicht mehr auf ihre Ansprache. Doch sie klagt nicht. „Ich kann immer noch seine warme Hand spüren, ihn streicheln und versorgen. Das ist doch noch was! Es ist immer noch mein lieber Mann!" Sie erzählt von der schönsten Zeit ihres Lebens, als alle Kinder noch zu Hause wohnten. Das geht mir unter die Haut. Es ist eine große Mahnung, meine Zeit als Geschenk zu sehen, als wertvolles, unverdientes und vergängliches Geschenk. Wert-schätzen will ich es, dankbar genießen mit Herz und Verstand, mit dem gehörigen Respekt vor Gott und dem Wunder Leben. Wie im Flug sind die zurückliegenden Jahre mit ihnen bereits vergangen. Eines Tages werde ich mein Leben in Gottes Hand zurücklegen.

Zuhause – der Ort, wo ich auftanken und mich gehen lassen kann. Wo ich die Tür hinter mir zuziehe, mich von der Außenwelt abgrenze und mein Gleichgewicht wieder finde. Zuhause ist da, wo ich ohne Scheu lachen und in Ruhe weinen kann.

Was ist wirklich wichtig? Nach welchem Glück streben wir? Liegt es vielleicht neben uns im Kopfkissen, erreichbar nah?

Quellennachweise

Bonhoeffer, Dietrich: © GütersloherVerlagshaus GmbH,
Gütersloh, in der Verlagsgruppe Random House GmbH, München
Eldredge, John: Folge deinem Traum. Brunnen Verlag, Gießen 2010
Gralle, Albrecht: dran 7/2002, S. 61
Kunze, Reiner: Kinderzeichnung. Aus: ders., gespräch mit der amsel. © S. Fischer Verlag, Frankfurt am Main 1984
Lindbergh, Anne Morrow: Muscheln in meiner Hand. Eine Antwort auf die Konflikte unseres Daseins. © 1986 Piper Verlag, München
Milne, A. A.: Pu der Bär © Atrium Verlag, Zürich
Naegeli, Antje Sabine: © SKV-Edition, Lahr/Schwarzwald
Spilling-Nöker, Christa: Jeder Augenblick zählt. Segensworte. Verlag am Eschenbach der Schwabenverlag AG
Steinwart, Anne: © Rechte bei der Autoring
Stutz, Pierre: Meditationen zum Gelassenwerden, HERDER spektrum Bd. 4975, S. 101 © Verlag Herder, Freiburg im Breisgau, 5. Auflage 2005
Ortberg, John: Das Leben, nach dem du dich sehnst. © Gerth Medien, Asslar 1998
Wright, Norman H.: Einfach besser leben. Weniger ist mehr. © Gerth Medien, Asslar 1999

Die zitierten Bibeltexte entstammen:
Gute Nachricht Bibel, revidierte Fassung, durchgesehene Ausgabe in neuer Rechtschreibung, © 2000 Deutsche Bibelgesellschaft, Stuttgart. (GNB)
Lutherbibel, revidierter Text 1984, durchgesehene Ausgabe in neuer Rechtschreibung, © 1999 Deutsche Bibelgesellschaft, Stuttgart. (LUT)
Einheitsübersetzung der Heiligen Schrift, © 1980 Katholische Bibelanstalt, Stuttgart. (EÜ)
Hoffnung für alle®, © 1983, 1996, 2002 by Biblica US, Inc. Verwendet mit freundlicher Genehmigung des Verlags. (HFA)
Neues Leben. Die Bibel, © der deutschen Ausgabe 2002 und 2006 SCM R.Brockhaus in der SCM Verlagsgruppe GmbH Witten/Holzgerlingen. (NLB)
Elberfelder Bibel 2006, © 2006 by SCM R.Brockhaus in der SCM Verlagsgruppe GmbH Witten/Holzgerlingen. (ELB)